M. DENTSCOURT,

ou

LE CUISINIER D'UN GRAND HOMME.

IMPRIMERIE DE PAUL RENOUARD,
RUE GARANCIÈRE, N. 5, F.-S.-G.

MONSIEUR
DENTSCOURT,

OU

LE CUISINIER D'UN GRAND HOMME,

Tableau politique, à propos de lentilles.

PAR M. BEUGLANT,

POÈTE, AMI DE CADET ROUSSEL,

Auteur de la fameuse Complainte sur la Mort du Droit d'ainesse.

PARIS.
TOUQUET, GALERIE VIVIENNE.

M. DCCC. XXVI.

AVIS DE L'ÉDITEUR.

Cette œuvre poétique, purgée par un malin de toutes les incongruités grammaticales contre la grammaire, se vend cinq sous pour les amateurs, et pour le public vingt - cinq centimes seulement.

PERSONNAGES.

M. Dentscourt aîné, Cuisinier.
Son Frère cadet.
Un gros Monsieur.
Le Sous chef de cuisine.

Troupe de cuisiniers et de fournisseurs.

Le théâtre représente une grande cuisine ; au dessus de la porte est inscrit : Bureaux culinaires, 1re division. La scène est remplie de cuisiniers, marmitons, etc. M. Dentscourt est assis, le noble bonnet de coton en tête ; deux fourneaux brûlent auprès de lui en guise de cassolettes. Les fournisseurs, chargés de vivres, défilent devant lui. — Magnifique exposition dans le genre de celle du premier acte de Léonidas.

MONSIEUR DENTSCOURT,

ou

LE CUISINIER D'UN GRAND HOMME.

SCÈNE PREMIÈRE.

M. DENTSCOURT, SON FRÈRE CADET, LE SOUS-CHEF, CUISINIERS, FOURNISSEURS, MARMITONS, etc.

LE SOUS-CHEF.

Puisque l'astre éclatant, qui nous donne le jour,
D'un repas solennel annonce le retour,
Chef, nous venons en toi présenter notre hommage
Au ministre puissant dont ta gloire est l'image.

M. DENTSCOURT.

Cuisiniers, fournisseurs, je suis content de vous ;
Nos affaires vont bien, en dépit des jaloux ;
Et d'excellens dîners, remèdes efficaces,
De nos derniers échecs ont effacé les traces ;
Quelques mauvais esprits ont en vain prétendu
Que nous dévorons tout, que l'Etat est perdu,
Que notre pot-au-feu cuit aux dépens des autres,
Et bientôt cuira seul ; qu'hormis nous et les nôtres,
Tous les Français rentiers, perdant leurs capitaux,
Iront, vides de sang, garnir les hôpitaux.
Quelle horreur!.. Cependant, qu'ont les Français à craindre?
De mauvais procédés ils n'ont point à se plaindre (*) :
De tous leurs envoyés nous nous sommes chargés ;
Ne sont-ils pas nourris, et quelquefois logés ?
Et n'avons-nous pas même, en mainte circonstance,
Offert de les blanchir, s'ils ne l'étaient d'avance ?
Qui, comme nous encor, avec un tel succès,
A su faire fleurir le commerce français ?
Les vins que la province en nos celliers envoie,
Ces produits de Strasbourg, de Bayonne et de Troie,

(*) Voyez la note A, pag. 31.

De toute autre cuisine orgueilleux ornemens,
Ne sont de nos valets que les vils alimens.
Des mets plus délicats à nos palais conviennent ;
Du Périgord jaloux les fruits nous appartiennent.

Ces fruits, que le gourmet sait priser aujourd'hui,
L'étranger voudrait bien les emporter chez lui :
Mais il ne l'aura point, cette plante chérie,
Ce précieux produit du sol de la patrie !
Français ! gardons nos droits, frustrons-en nos voisins ;
C'est assez qu'on leur donne et nos blés et nos vins.
Non, ces mets délicats, que nous offre la terre,
N'iront point engraisser les porcs de l'Angleterre :
Les nôtres désormais en auront le régal ;
Montrons que nous avons l'esprit national !
Ces bienfaits éclatans, qu'à peine on apprécie,
Contre notre puissance ont éveillé l'envie ;
De nos bruyans amis l'héroïque valeur,
Contre tant d'ennemis, sent glacer son ardeur :
Monseigneur au lever m'a fait, avec prudence,
Dans son appartement, admettre en sa présence ;
Et maîtrisant à peine un trop juste courroux :
« Il est temps, m'a-t-il dit, de frapper les grands coups,
« De plus puissans efforts sont enfin nécessaires ;
« Assemble, ce matin, mes bureaux culinaires,

« Je veux, désappointant mes nombreux ennemis,
« D'un splendide repas réveiller mes amis.
« Tu sais, ainsi que moi, que ces messieurs du centre
« Sont des gens de tout cœur, mais ont le cœur au ventre.
« Trop long-temps, par un mets à grands frais acheté,
« Nous avons cru flatter leur sensualité :
« Leurs palais sont usés ; leur goût blasé sommeille ;
« Il nous faut inventer un mets qui le réveille.
« Il m'est venu, Dentscourt, un singulier projet :
« Je ne redoute point d'en gonfler mon budget ;
« Je m'appauvrirais peu par de telles vétilles :
« Le mets qu'il faut offrir, c'est. » — Eh quoi ? — « Des
              lentilles. »
— Des lentilles! grand Dieu! repris-je, tout surpris :
« — Oui, Dentscourt ; tous diront que le mets est exquis.
« Mais les montrer à nu serait une imprudence :
« Il faut adroitement en sauver l'apparence. » —
— Je comprends, Monseigneur, ai-je alors répondu ;
Je vais me signaler, et tout n'est pas perdu.
On verra si mon art brave les destinées,
Ou si, dans les fourneaux, j'ai perdu trente années !

Cuisiniers, fournisseurs, l'honneur en est à nous :
Votre zèle m'annonce un triomphe bien doux.

Trop long temps dans nos murs a régné l'anarchie,
Ces temps-là reviendraient; sauvons la monarchie!
Et que notre bourgeois, grandi par nos succès,
Soit le restaurateur du royaume français.
De nos amis, qu'arrête une indigne épouvante,
Gorgeons la conscience affamée et béante;
Et comme au triple chien qui garde les damnés,
Jetons-lui la pâtée et les gâteaux sacrés!

(Ils sortent.)

SCÈNE II.

M. DENTSCOURT, SON FRÈRE CADET.

LE CADET.

Mon frère, embrassez-moi: pour mon cœur quelle fête
De vous revoir ici, quand si long-temps....

DENTSCOURT.

Arrête!
Chapeau bas, mon cadet, devant ton frère aîné!
Tu vois de quels honneurs je marche environné.

LE CADET.

Il est vrai : quel éclat ! quelle magnificence !
Jusqu'où d'un cuisinier peut aller la puissance !
Mon frère, est-ce bien vous que je vis autrefois,
Maigre subordonné d'un cuisinier bourgeois,
Récurer les chaudrons et laver les assiettes ?
Les temps sont bien changés !

M. DENTSCOURT.

     Ignorant que vous êtes !
Dans l'état où jadis le sort m'avait jeté,
Un cuistre comme vous serait toujours resté :
Moi, j'en ai su bientôt laver l'ignominie,
Il n'est point d'état vil pour l'homme de génie ;
Afin de s'élever, il faut ramper, dit-on :
On devient cuisinier, mais on naît marmiton.

Long-temps je végétai dans cette classe obscure,
Où, comme en un creuset, me jeta la nature ;
Mais un feu, plus ardent que celui des fourneaux,
Vint épurer en moi des sentimens nouveaux.
Nous étions dans un temps où de nobles cuisines
Effrayèrent les yeux de leurs vastes ruines.

Voyant de possesseurs tant de tables changer,
Le peuple qui jeûnait crut avoir à manger :
Mais les nouvelles dents n'étaient pas moins actives ;
Ces grandes tables-là sont pour peu de convives ;
Ce sont de gros gaillards, ayant bon appétit :
L'un tient la poêle à frire, et puis le peuple cuit. »
Alors on nous disait que les hommes sont frères,
Que les distinctions ne sont qu'imaginaires,
Et que, si le destin l'environne d'éclat,
L'homme le doit à soi, mais non à son état (*).
Et je me dis : « Il faut que je sois quelque chose ;
« Et de peur qu'à ma gloire un obstacle s'oppose,
« Je transporte en un lieu plus propre à mon emploi,
« Les dieux de mon foyer, mon art sublime et moi.
« Je pars de la Gascogne, et..... » Mais ma vie entière
Serait à te conter une trop longue affaire.
Qu'il me suffise donc de te dire qu'enfin,
Quelquefois malheureux, mais bravant le destin,
Et sans être jamais du parti qu'on opprime,
Je changeai de ragoûts ainsi que de régime.

Mais après la journée où certain grand brouillon,
Pour l'avoir trop chauffé, but un mauvais bouillon,

(*) Voyez la note B, pag. 31.

Un noble personnage où j'étais fort à l'aise,
Se sentant prêt à cuire, et les pieds sur la braise,
Sans rien dire à ses gens, s'enfuit à l'étranger,
Me laissant lourd de graisse, et d'argent fort léger.

Alors, je m'accostai d'un homme à maigre trogne,
Tout récemment encor arrivé de Gascogne,
Audacieux, fluet, médiocre et rampant,
Toujours grand ennemi du premier occupant,
Très vide de vertu, mais gonflé d'espérance,
Qui sur sa route avait laissé sa conscience,
Comme un poids incommode à qui fait son chemin.
Le poids n'était pas lourd, il est vrai ; mais enfin,
A ravoir le paquet, comme il pouvait prétendre,
Bientôt, grâce à mes soins, il en eut à revendre.
Je ne te dirai pas nos immenses succès,
Si de notre destin nous sommes satisfaits,
Si nous savons flatter les appétits des hommes :
Lève les yeux, cadet ; et vois ce que nous sommes !
Jusqu'au faîte élevé, par mes nobles travaux,
Monseigneur a dompté ses plus fameux rivaux.
L'un d'eux, plus rodomont, voulait faire le crâne ;
Mais nous avons prouvé que ce n'était qu'un âne :
Et, comme il refusait d'aller à sa façon,
Monseigneur l'a chassé comme un petit garçon.

Puis, étouffant enfin d'audacieux murmures,
Nous avons en tous lieux semé nos créatures :
Comme les spectateurs ne battaient pas des mains,
Nous avons au parterre envoyé des *romains*.
En vain quelques railleurs attaquaient notre empire,
Nous les avons, sous main, muselés sans rien dire.
Rien ne peut maintenant borner notre crédit ;
Sur le ventre fondé, nourri par l'appétit,
L'appétit, roi du monde, et d'autant plus terrible
Qu'il cache au fond des cœurs sa puissance invisible.

LE CADET.

Je conviens qu'un tel sort peut avoir des appas ;
Mais un abyme s'ouvre, et baille sous vos pas :
La France trop long-temps a tremblé sous un homme,
Son pouvoir abattu.....

M. DENTSCOUAT.

   Mais il faudra voir comme.

LE CADET.

Eh bien, nous le verrons ; il n'est pas très aimé ;
Le peuple, contre lui dès long-temps animé,
Portant au pied du trône une plainte importune....

M. DENTSCOUAT.

Et comptes-tu pour rien César et sa fortune ?

Me comptes-tu pour rien moi-même ? et nos amis
A nos moindres désirs ne sont-ils pas soumis ?

LE CADET.

Ne comptez pas sur eux, si le sort vous traverse.
Amis du pot-au-feu, tous fuiront, s'il renverse.
Tremblez qu'un grand échec n'abaisse votre ton,
Car.... Plus d'un grand ministre est mort à Montfaucon.

M. DENISCOUAT.

Il faut faire une fin ; et pour nous quelle gloire,
Quand la postérité lira dans notre histoire :
« Ces deux héros sont morts ; la France les pleura,
« L'un fut grand diplomate (*), et l'autre......

LE CADET.

Et cætera.

L'histoire sur son compte en aurait trop à dire :
Pensons-le seulement, gardons-nous de l'écrire.

M. DENISCOUAT.

Qu'entendez-vous par là ? Pas tant de libertés,
Cadet : on n'aime point toutes les vérités ;

(*) Voyez la note C., pag. 31.

Mais on doit avouer que sa digne excellence
Sait fort bien travailler un royaume en finance :
On se plaint qu'en ses mains, sans s'en apercevoir,
Le monarque trompé, laisse trop de pouvoir :
Mais on sait que jadis, sur un autre rivage,
De l'art d'administrer il fit l'apprentissage ;
Ainsi....

LE CADET.

Je sais fort bien que ton maître autrefois
Fit la traite des noirs, et leur donna des lois:
Belle preuve !

M. DENTSCOURT.

Oh! très belle : il est homme de tête ;
Mais en ce moment-ci ce sont les blancs qu'il traite :
Et l'on peut demander à tous nos invités
Si je ne suis qu'un cuistre, et s'ils sont biens traités.

LE CADET.

Mais le peuple l'est mal ; et bientôt sa misère
Demandera du pain aux gens du ministère ;
Ou dans son désespoir, pour recouvrer son bien,
Il les menacera...

M. DENTSCOURT.

Nous ne redoutons rien.
Par nos soins rétabli, Montrouge nous protége ;
Montrouge protégé par le sacré collége ;

Montrouge triomphant, et qui, malgré vos cris,
Envahit pied à pied le pavé de Paris ;
Ce grand ordre, qu'à peine on a senti renaître,
Dans nos murs étonnés s'élève et rentre en maître ;
Et bientôt ses enfans, armés de nouveaux fers,
Vont dévorer Paris, la France et l'univers !
Ignobile vulgus, tremblez !

LE CADET.

Tremblez vous-même !
On a long-temps souffert votre insolence extrême ;
Mais on vous montrera, de la bonne façon,
Que la majorité n'a pas toujours raison ;
Et les Français, bravant vos pouvoirs arbitraires,
Se plaindront... Le monarque entendra leurs prières.

M. DENTSCOURT.

Ceci ne peut se faire au temps où nous voilà ;
Si vous voulez crier, les gendarmes sont là !
Des mouchards décorés, ou portant des soutanes,
Empoignent, dans leur vol, les paroles profanes.
Nous irons droit au but que nous nous proposons ;
D'ailleurs, nous vous donnons les meilleures raisons ;
Dans notre coffre-fort, si nous serrons vos pièces,
C'est pour vous enseigner le mépris des richesses,

Car le bon temps revient, les bons pères aussi.
Gare à vos esprits forts! ils sentent le roussi.
A tout cela d'ailleurs l'esprit public se prête.
La canaille, il est vrai, comme dit la Gazette,
Fait quelquefois du bruit, et veut montrer les dents:
Mais, nous avons pour nous tous les honnêtes gens.
Une dame a marché pieds nus; une seconde
   A voulu l'imiter..... Hein? voilà du grand monde!
Nous avons vu passer un illustre baron,
De la nef d'une église en celle de Caron;
Et, dans chaque soirée, il est de bienséance
D'entendre, avant le bal, sermon et conférence (*).
Ecrivez, maintenant, messieurs les beaux-esprits:
Il est certain endroit, dans un coin de Paris,
Où, par arrêt de cour, quand ils ont beau ramage,
Nous savons faire entrer les oiseaux dans la cage.

LE CADET.

Ne vous en vantez point: la cour n'est pas pour vous;
L'équité la conduit, et non votre courroux;
Déjà, plus d'une fois, sa justice prudente
A détruit les projets que l'artifice enfante;

(*) Voyez la note D, pag. 32.

Le Tartufe puissant compte sur son appui,
Mais les efforts du vice ont tourné contre lui :
Et vous avez appris que, bravant vos caprices,
La cour rend des arrêts, mais non pas des services.

M. DENTSCOURT.

Je n'ai rien à répondre à cette raison-là,
Mais nous....

SCÈNE III.

M. DENTSCOURT, SON FRÈRE, LE SOUS-CHEF.

LE SOUS-CHEF.

Monsieur le chef, nos invités sont là !

M. DENTSCOURT.

Déjà ? La cinquième heure à peine au château sonne :
A cette heure jamais nous n'attendons personne.

LE SOUS-CHEF.

C'est vrai, monsieur le chef ; mais nos nobles amis
Attendaient ce repas, depuis long-temps promis ;
Et même tel d'entr'eux que l'appétit réveille,
Pour y mieux faire honneur, n'avait rien pris la veille.
Vous jugez qu'un discours sur l'impôt des cotons
N'avait nul intérêt pour des gens si profonds :

Non plus qu'un autre encor sur les toiles écrues.
Ensuite un monnayeur a parlé de sangsues;
—Lesquelles? a-t-on dit. — Là-dessus, grands éclats!—
Tous ont dit : *La clôture! à demain les débats!*
Ces débats cependant promettaient des merveilles;
Mais un ventre affamé, dit-on, n'a point d'oreilles,
Tous ont fui jusqu'ici.

DENTSCOURT.

Eh bien, tout est prévu;
On ne nous prendra pas, du moins, au dépourvu...
Les lentilles?—...

LE SOUS-CHEF.

C'est prêt : on a mis en purée
Celles que ce matin vous aviez préparées.

M. DENTSCOURT.

On n'attend plus personne? Ils sont tous arrivés?
Le potage est sur table?

LE SOUS-CHEF.

Oui, tout est prêt.

M. DENTSCOURT, *à la cantonnade.*

Servez!

(*Le sous-chef sort.*)

SCÈNE IV.

M. DENTSCOURT, SON FRÈRE.

M. DENTSCOURT.

Mon triomphe s'apprête, et ma gloire s'achève :
On verra si nos plans ne sont point un vain rêve.
Le projet cependant était audacieux ;
Le sort en a trahi de moins ambitieux ;
La roche Tarpéienne....

LE CADET.

Est près du Capitole.

M. DENTSCOURT.

Mais, si l'on tombe aussi,.... c'est du ciel!

LE CADET.

Ça console.

M. DENTSCOURT.

Ah bah! ne craignons rien, nous sommes dans le port.
(Il rêve un moment.)
Écoute, mon cadet; je veux te faire un sort;
Car, quoique parvenu, je suis encor bon frère ;
Je te reçois ici.... comme surnuméraire.

LE CADET.

Où cela conduit-il ?

M. DENTSCOURT.

A de bons résultats :
C'est comme qui dirait cadet dans les soldats.

LE CADET.

Il n'en existe plus.

M. DENTSCOURT.

Nous en verrons encore.
Les aînés n'étaient plus : Monseigneur les restaure.

Ah ! messieurs les cadets, tremblez, vous n'aurez rien.
Mais plutôt, soyez gais, car c'est pour votre bien :
Le monde a, voyez-vous, un attrait bien perfide ;
Mais la religion vous prend sous son égide.
Vous avez faim ? L'église engraisse ses enfans.
Vous n'avez point d'asile ? Allez dans les couvens ;
C'est là que vous pourrez mener vie agréable,
Prier le ciel pour nous qui nous donnons au diable.

LE CADET.

Comment, mon frère aîné ? voici bien du nouveau !

M. DENTSCOURT.

Oui, pourquoi t'étonner d'un projet aussi beau ?
Il prendra : tu verras si ma nouvelle est fausse ;
Monseigneur l'a fait cuire, et j'en ai fait la sauce ;
Le dîner, qu'aux ventrus nous offrons aujourd'hui,
A notre noble cause assure leur appui :
Oh ! nous avons compris les besoins de l'époque !

LE CADET.

On rira, c'est absurde.

M. DENTSCOURT.

Oh parbleu ! qu'on s'en moque,

Que nous importe, à nous ? Les rieurs pleureront :
Comme a dit Mazarin : *Ils chantent, ils payeront !*

LE CADET.

Oui, mais nos Pairs sont là (*) ; cette assemblée auguste
Refusera ses voix à ce projet injuste ;
Et les nobles fauteurs, et leurs subordonnés,
Resteront à la porte avec un pied de nez.
Va, tôt ou tard le temps confondra l'artifice ;
Nous vivons sous un prince ami de la justice :
Il a déjà montré, par d'équitables lois,
Qu'il soutiendrait la Charte et maintiendrait nos droits :
Le colosse puissant, qui pèse sur la France,
S'écroulera : tous ceux qu'opprime sa puissance,
Contemplant de leur roi la pure majesté,
Se promettront la gloire et la félicité.

SCÈNE V.

M. DENTSCOURT, SON FRÈRE, LE SOUS-CHEF.

M. DENTSCOURT.

Ciel ! qu'as-tu donc, sous-chef ? quel trouble !

(*) Voyez la note E, pag. 32.

LE SOUS-CHEF.

> O destinée !
O trop malencontreuse et fatale journée !

M. DESTICOURT.

Assieds-toi, conte-nous.....

LE SOUS-CHEF, *d'un ton tragique.*

> *Infandum !.... sed.... quanquam....*
Meminisse horret, luctu... — *Incipiam !*
La soupe n'était plus... et les bouches bourrées
Avaient, sans dire un mot, envahi les entrées ;
Tout-à-coup, Monseigneur se lève avec éclat,
Et, d'un bras intrépide.... il découvre le plat ;
On sert. — Qu'est-ce ? — On l'ignore. — Et chacun d'un air louche,
Porte, en la flairant bien, la cuiller à la bouche.
Des lentilles ! — Grand Dieu ! — Tout ce monde à ce mot
Frémit. « Nous offre-t-on la fortune du pot,
« Se sont-ils écriés ? Quelle horrible imposture !
« Nous ont-ils invités pour nous faire une injure ? »
Monseigneur est confus ; ses illustres amis
Regardent l'assemblée avec des yeux surpris ;

L'on oppose à ce bruit, que chaque instant redouble,
Un air indifférent qu'a démenti son trouble ;
Un marin, l'œil fixé sur les deux précédens,
Reste, la bouche ouverte, et la cuiller aux dents ;
Pendant qu'un autre encor, sentant la conséquence,
S'appuyait sur son Turc, et fumait d'importance ;
Enfin, c'est un tumulte!... on se lève en jurant...
Presque tous sont partis... Monsieur l'Indifférent
Fait pour les retenir un effort inutile ;
Et lui-même, en pleurant, suit la foule indocile.
L'après-dinée en vain promettait à-la fois
Lecture édifiante et le prince Iroquois ;
Tout s'enfuit.... Resté seul, Monseigneur est perplexe,
Et veut....

SCÈNE VI.

LES PRÉCÉDENS, UN GROS MONSIEUR.

LE MONSIEUR.

Ilà, cuisiniers, suis-je un homme qu'on vexe!
Croit-on qu'un orateur, qu'on place entre deux feux,
Quand il a bien parlé, n'ait pas le ventre creux?

Lorsque j'ai mal dîné, ma voix en est aigrie ;
Comme mon estomac, ma conscience crie :
Qui pourra l'apaiser ?.... Est-ce pour de tels mets,
Que j'ai de tout Paris bravé les quolibets ;
Que, séduit par l'espoir d'un repas aussi mince,
J'ai trompé tous les vœux que formait ma province !
Et sur tant de sujets, pour calmer mon effroi,
Corbleu ! monsieur le chef, des lentilles à moi !
On ne m'aurait pas fait une pareille injure
Dans les obscurs dîners d'une sous-préfecture.
Quand, nourrissant l'espoir d'un dîner bien complet,
J'avais, avant d'entrer, desserré mon gilet ;
A de pareils affronts aurais-je dû m'attendre ?

   (A M. Dentscourt qui veut sortir.)

Restez, monsieur le chef, restez ! Il faut m'entendre !
Quoique mauvais chrétien, par l'odeur excité,
J'avais dit hautement mon bénédicité !

     (Tout essoufflé.)

Et ces dîners encor, qu'aidé de ses complices,
Monseigneur, l'autre jour, rogna de deux services !....
N'est-ce pas conspirer contre notre estomac ?
Nous avons trop long-temps supporté ce micmac :
De sorte que, pour prix d'un généreux courage,
Nous nous voyons réduits à *trois* pour tout potage.

Les choses désormais n'en iront point ainsi :
Et, pour n'y plus rentrer, je m'arrache d'ici.
Il est encor des gens, non séduits par le ventre,
Peu nombreux, il est vrai, mais placés loin du centre...
Je m'en vais, dans un coin, prendre place avec eux,
On y dîne un peu moins, mais on y parle mieux !

(Il sort.)

SCÈNE VII et dernière.

M. DENTSCOURT, SON FRÈRE, LE SOUS-CHEF.

LE CADET.

Eh bien ! tout est flambé ; qu'en dis-tu, mon cher frère ?

M. DENTSCOURT.

Quel déchet !

LE SOUS-CHEF.

Monseigneur est en grande colère ;
De son mauvais succès c'est à vous qu'il se prend.

M. DENTSCOURT.

Et voilà ce que c'est que de servir un grand !
Qu'une vaste entreprise échoue ou réussisse,
Nous en avons les coups, ou lui le bénéfice.

LE SOUS-CHEF.

Redoutez les effets de son premier courroux ;
Il sera moins terrible en pesant sur nous tous.

M. DENTSCOURT.

Oui, vous le dompterez toujours par la famine.

LE SOUS-CHEF.

Très bien !.. mais s'il allait supprimer la cuisine ?

M. DENTSCOURT.

Non, non.

LE SOUS-CHEF.

Je l'aperçois... où fuir ? où vous cacher ?

M. DENTSCOURT, *d'un ton tragique.*

Dans les bureaux.... Crois-tu qu'il m'y vienne chercher ?

FIN.

NOTES.

(A) C'est vrai, qu'est-ce qu'ils ont donc à rognonner, comme disait un bon père qui n'était pas jésuite?

« Quel f... tintamarre faites-vous donc partout? à qui
« diable en voulez-vous donc? quel démon vous agite,
« au moment qu'on s'occupe d'améliorer votre sort! quand
« on vous f...ait des coups de bâton, vous étiez plus tran-
« quilles, vous receviez la schlague comme des j... f.....
« et maintenant que *d'honnêtes gens* travaillent à votre
« bonheur, vous faites un boucan infernal! » (*Sermon VII,
du Père André,* tom. II, pag. 319, édition de Paris, 1721.)

(B) Homme, ta grandeur sur la terre
   N'appartient point à ton état,
   Elle est toute à ton caractère.
                              (*Tarare*, Prologue.)

(C) On dira qu'il est un peu hasardé d'appeler un cuisinier *grand diplomate* : mais je m'appuie de l'exemple de la *Nouvelle Biographie de la Chambre des Députés*, par M. LAGARDE :

Ce cuisinier est tout. En maître de la terre,
Il tient dans ses poëlons et la paix et la guerre,
Fricasse des faveurs, assaisonne un emploi ;
Aux postes imposans ses ragoûts font élire ;
   Et c'est lui qui peut vraiment dire
   Place, messieurs : l'État, c'est moi !

(D) Dans les grandes maisons, au lieu de mettre dans une invitation *Il y aura violon*, phrase banale, le bon ton est d'écrire *Il y aura conférence*, ou bien *Il y [aura] sermon*. Avant le bal, le prédicateur leste et pim[pant] prêche en minaudant un sermon sur les vanités du mo[nde] ou autre sujet analogue à la circonstance. Les auditeurs gardent, en entrant, leurs manteaux; les dames, leurs pelisses ou leurs châles, qui cachent des habits de bal. [Le] sermon fini, le théâtre change : et les pompes de Sat[an] remplacent les paroles de Dieu.

(E) Les Pairs ont refusé, à une forte majorité, une loi injuste, qui cependant leur était favorable et n'était guère faite que pour eux. Les jeunes étudians des écoles [de] médecine et de droit se sont assemblés pour les remerc[ier;] une telle action devait offenser : et une charge de cava[lerie] a démontré clairement que c'étaient des séditieux. Bons gendarmes :

> Ah ! il n'est pas de fête,
> Quand vous n'en êtes pas.

www.ingramcontent.com/pod-product-compliance
Lightning Source LLC
Chambersburg PA
CBHW060721050426
42451CB00010B/1561